AF727878

Ln 27
29487

HARANGVE

SVR

LES OBSEQVES D'ILLVSTRE SEIGNEVR

LOVIS, COMTE DE SALES

BARON DE THORENS, SEIGNEVR DE LA THVILE, &c

FRÈRE DU B. FRANÇOIS DE SALES

Prononcée à Annessy en l'Eglise de S. Dominique
le 26 de Janvier 1655

DÉDIÉE A SON ALTESSE ROYALE

Par Barthélemy MAGISTRI, Docteur en théologie
Chanoine de l'Eglise cathédrale de Genève,
natif de Sales.

BIBLIOTHÈQUE NATIONALE R.F.

NIMES

DE L'IMPRIMERIE SOUSTELLE

9, BOULEVART SAINT-ANTOINE, 9

1876

INTRODUCTION

Rien de ce qui touche à saint François de Sales, ne saurait nous être indifférent, et le nom de celui qui fut le plus aimable et le plus aimé de ses contemporains fait rejaillir, sur tout ce qui l'entoure, une part de ce charme et de ce pieux intérêt qui demeurent attachés à sa mémoire.

Il se fait un retour de nos jours vers les écrivains un peu négligés jusqu'ici de la fin du XVIe et du commencement du XVIIe siècle; on aime à rechercher, dans leurs ouvrages, les grâces naïves et la simplicité enfantine de notre langue, comme on aime à remonter au berceau d'un grand homme. On éprouve un plaisir singulier à y retrouver le germe des qualités qui distinguent les écrivains du grand siècle, et on salue ces premiers auteurs comme les pionniers qui ont ouvert la voie et déblayé le terrain.

On sait la grande gloire qu'occupe saint François de Sales dans l'histoire de notre littérature. Un de nos compatriotes, M. l'abbé Sauvage, dans une étude justement admirée, a considéré le saint évêque de Genève et a fait ressortir, avec talent, les caractères de cette éloquence simple, touchante et paternelle qui avait le don de charmer et d'émouvoir les cœurs.

Le prosateur ne fut pas moins remarquable que l'orateur. Saint François de Sales vivait aux temps où Ronsard et son école menaçaient d'étouffer notre vieil idiome, sous prétexte de réforme, sous un amas confus de tournure et de mots empruntés au grec et au latin ; aucune règle n'était encore établie, aucun maître n'avait encore trouvé la route à suivre. Montaigne sans doute avait paru, mais c'était un esprit prime-sautier, ainsi qu'il le disait lui-même, qui saute plus qu'il ne marche, et qui constitue en littérature une individualité curieuse mais inféconde. Malherbe, *ce tyran des mots et des syllabes*, dont la gloire est d'avoir perfectionné le mécanisme des vers, épuré la langue poétique et *réduit la muse aux règles du devoir*, comme l'a dit Boileau, fut plutôt un poëte qu'un prosateur, et sa langue porte parfois l'empreinte de la raideur et de l'enflure. C'est alors que nous voyons apparaître cet aimable saint de la Savoie qui, au milieu des travaux absorbants de son ministère, entouré d'une population inculte et illettrée, écrit et parle avec autant de noblesse que de simplicité, autant de grâce que de pureté, et nous révèle toutes les richesses de notre langue gauloise avec ses ravissantes images, ses vives allures et sa gracieuse désinvolture. Dans ses œuvres, notre vieil idiome conserve sa naïveté primitive, sa facilité pleine de franchise, ses grâces simples et naturelles. Le style de saint François de Sales se pare de ces fleurs charmantes qu'il semble emprunter aux montagnes de la Savoie et qui le rendent inimitable.

Or, voici une œuvre qui se rattache à cette époque, et qui porte comme un reflet de l'esprit et de l'imagination du saint évêque de Genève : C'est la *Harangue sur les obsèques d'illustre seigneur Louys, comte de Sales, baron de Thorens, frère du B. François de Sales, par Barthélemy Magistri, docteur en théologie, chanoine de l'Eglise de Genève, natif de Sales.*

Cet illustre défunt, dont les funérailles furent solennellement célébrées à Annecy, dans l'église de Saint-Dominique, le 26 janvier 1655, qu'une tendre amitié avait toujours uni à son frère aîné, avait été à la fois un chrétien accompli et un officier distingué des ducs de Savoie; il avait été formé à la pratique des plus hautes vertus par les soins du saint évêque qui avait, pour lui, une pieuse prédilection. A la cour comme dans ses terres, il donnait l'exemple d'une fidélité inviolable aux devoirs de la religion, et soit dans l'agitation des affaires, soit dans la licence des camps, cette vie exemplaire ne s'était jamais démentie. Devenu baron de Thorens, il avait épousé la fille aînée de Mme de Chantal, l'illustre veuve qui venait de fonder l'ordre de la Visitation.

Cette alliance avait comblé les vœux de deux grandes familles, lorsque une mort soudaine vint ravir le baron de Thorens à l'affection des siens. Il mourut, comme il avait vécu, avec une admirable foi, faisant éclater les sentiments de la plus vive piété et adressant de touchantes recommandations à ceux qui entouraient sa couche.

Le docteur Barthélemy Magistri se fit, dans sa harangue, l'interprète de la douleur causée par cette mort, et paya un tribut de louanges et de regrets à la mémoire de l'illustre défunt.

C'est cette harangue peu connue, qui porte la date de 1655, que nous voulons publier de nouveau; on y reconnaîtra les qualités et les défauts de cette époque; le style de l'orateur rappelle parfois, par ses images et le tour dégagé de la phrase, celui de saint François de Sales ; mais nous devons l'avouer, ce n'est ni la simplicité, ni la grâce naïve de l'immortel auteur de *la Vie dévote*. On y sent la recherche et l'afféterie ; il y a des tours péniblement ingénieux, des mouvements guindés et une certaine enflure qui contrastent avec l'aimable abandon de saint François de Sales ; mais ces défauts sont rachetés par le mouvement et la chaleur qui animent cette oraison funèbre. Il y a un souffle d'éloquence qui soulève et des accents généreux qui émeuvent ! Le lecteur de ces pages, qui datent de plus de deux siècles verra, avec intérêt, comment on savait louer autrefois les hautes vertus et les grands caractères.

L'Abbé Azaïs.

Nimes, août 1876.

A SON ALTESSE ROYALE

CHARLES - EMANVEL

Duc de Savoye

Prince de Piedmont, Roy de Chypre, etc.

Monseigneur,

Puisque les Princes sont sur la terre les expresses images de la Diuinité, en tout ce que la subordination rend souuerainement à sa source ; ils ne doiuent pas moins voir et connoistre tout ce qui se passe au dessous d'eux, dans l'ordre de la dependance legitime, qu'ils ont droit, d'en exiger les hommages, comme les vrais soleils, et les originaux des lumieres qui brillent sur leurs Estats. Cette reconnoissance pour les Souuerains, que i'ay veu si souuent esclatter dans la vie, et dans les paroles de feu Monsieur le Comte De Sales, *m'a semblé digne de passer deuant les yeux de* Votre Altesse Royale, *pour luy representer à mesme temps l'idée d'vn parfait Chrestien, en la personne d'vn de ses plus illustres suiets. Plusieurs personnes de merite m'ayant suggeré qu'au recit que i'ay fait de ses vertus en ses funerailles, il y auait de l'honneur pour la Nation et mesmes de la satisfaction pour le Souuerain; ie me suis veu obligé de donner le iour à ce dont ie n'osois esperer des approbations si generales, que i'attribue plutost à la memoire de ce genereux Seigneur, qu'à aucune estime que ie fasse de mon stile, ny de mon langage. Il est vray que la creance qu'on a donnée facilement à vn tesmoin oculaire, et presque domestique, m'a aussi beaucoup fauorisé: mais i'impute plutost cet effet à la connoissance que chacun auoit de ses merites, qu'à toute autre chose. I'ai osé d'ailleurs me persuader* Monseigneur, *que* V. A. R. *ne desaggréeroit pas la lecture de cette Harangue en faueur d'vne Famille, qui a donné à nostre siecle le Grand* François De Sales, *autant glorieux à sa Patrie, comme il est venérable à toute l'Eglise; et qu'elle me permettroit de rechercher en vne si belle occasion, le moyen de me publier*

Monseigneur,

De V. A. R.

Le tres-humble, tres-obeyssant, et tres-fidelle seruiteur, sujet, et Orateur *Barthelemy Magistri*, Chanoine de S. Pierre de Geneue.

HARANGUE FUNÈBRE

MONSEIGNEVR,

Bien-que i'aye à parler en la presence de V. Grandeur, ie ne luy addresse pourtant pas mon discours, puisque à l'occasion où nostre foiblesse abandonnoit nos cœurs et nos yeux aux regrets vous auez treuué le remede à nostre douleurs, releuant nos sentimens par vne pieté consommée, dans les idées de la Prouidence eternelle, sur l'heureuse fin de la vie parfaite, de Monsieur vostre Père. Et quand ie vous ay veu lascher quelques larmes, en cette rencontre, ie me suis ressouuenu, que vostre B. Oncle, disoit de soy-mesme, en vn cas pareil ; il n'y a homme au monde, qui soit plus tendre, et plus affectionné aux amitiés que moy, ny qui ait le ressentiment plus vif aux separations : Mon cœur qui est de pierre, és choses celestes, jette des eaux, pour ses suiets ; mais Dieu soit beny, tousiours doucement, dans les sentimens d'amour, et de dilection : car depuis que Nostre Seigneur a aimé la mort, et qu'il a donné sa mort, pour objet à nostre amour, ie ne puis vouloir mal à la mort, ny de parens, ny d'amis, pourveu qu'elle se fasse, en l'amour de cette mort sacrée de mon Sauueur ; Pleurons donc vn peu sur les Trespassez, disoit-il, car N. Seigneur pleura bien vn peu sur son cher Lazare ; Que ce ne soient pourtant pas des larmes de regret, mais d'vne sainte compassion Chrestienne, et d'vn cœur, qui comme celuy de Ioseph, pleure de tendresse, et non pas de fierté, comme celuy d'Esaü. Ainsi Monseigneur, i'ay creu, que les larmes de Vostre Grandeur, n'estoient point des larmes de regrets, mais des larmes de compassion, sur les violentes douleurs de cet aimable Pere: I'ay pensé mesmes d'autres fois, que c'estoient en vous des larmes de ioye sur ses dernieres paroles toutes saintes, toutes sacrées, toutes sublimes, qui tiroient par vos yeux, les preuues des doux sentimens de vostre cœur sur son bon-heur manifeste. Et comme ie remarquois, qu'apres auoir donné passage à des pleurs si raisonnables, c'estoit en vostre pouuoir de temps en temps d'essuyer vos yeux, pour faire cesser les cris et les larmes des autres. Ie concluois, que, par la force d'esprit, que requiert l'estat de perfection, que vous possedez, il vous estoit aisé de nous donner ce bel exemple, et que vous auiez des lumieres, et des connaissances bien esloignées, de celles de la nature, sur l'estat de ce Pere fortuné. Aussi disiez-vous souuent, comme vostre B. Oncle en semblable sujet, (et si ce n'est pas és mesmes termes que ie le repete, c'estoit pourtant en son stile, qui vous est si naturel) Gloire soit au Pere, au Fils, et au S. Esprit : Benissons et loüons Dieu ; Adorons la disposition de ses ordonnances. Ha ! n'estoit la sainte Eternité où toutes nos iournées aboutissent, nous aurions raison de blasmer nostre condition humaine : mais jettons nos affections dans ce grand iour, qui n'a point de nuict, là où nous nous revnirons tous, pour ne iamais plus estre separez, et confiez à la vanité de cette vie perissable. Moderons nos regrets, par l'esperance que nous auons de ne demeurer gueres separés ; mais que dans peu de temps nous suyurons au Ciel, lieu de nostre repos, celuy que nous aimons. Ce concert de pieté, et d'amour, que nous auons admiré à l'entour du lict de feu Monsieur le Comte, nous faisoit imaginer, que si les larmes, et les soupirs auoient place dans le Ciel, nous contemplions desia vne image du Paradis dans vostre beniste maison, parmy les suauitez d'vne si charmante tristesse ; et ne pouuions contribuer à ce dueil, que de nos admirations. et de nos souhaits sur de si beaux exemples.

Maintenant, Messieurs, que ie doy parler deuant ceux, qui sçauent ce que ie puis dire, de cet Illustre Seigneur ; qu'en suitte ie n'auray point de peine à vous persuader : Que vous dittes desia, que les merites incomparables d'vne si longue, et continuellement belle vie, ne peuuent estre representez, dans le peu de temps qui limite ce discours; Et qu'il semble de ne rester rien à dire, sur vne vie, où il ne restoit rien à faire ; I'auray pour le moins la satisfaction, qu'en cette Chaire de verité, ie n'abuseray point d'vne Rhetorique criminelle, si frequente en ces rencontres, où souuent, elle se dispense, de faire passer le vice pour trophée, et le mensonge, ou la vanité pour l'Euangile.

Ie ne veux rien dire, Messieurs, que vous n'ayez veu, et sçeu, ny estaler d'autres loüanges, que celles des vertus, qui vous ont rendu aimable Lovys Comte De Sales, Baron de Thorens, Seigneur de Richemont, des Allyes, de la Thuille, de Boisy, Groisy, Villaroget, et autres terres. Et ie sçay que plusieurs diront à la fin, que ie n'auray dit, que la moitié de la verité : Ils aduoüeront aussi, que les grandes choses, ne sont pas tousiours descrittes, par vne multitude, et varieté de discours ;

mais souuent, par des termes, et des traits racourcis. Personne ne doit treuuer cecy mal à propos, puisque nous mesurons tous les iours la grandeur du Soleil, par l'ombre de la terre, et les grands pas de cet Astre, sur les Cadrans, par vn petit filet. Ie sçay qu'autres-fois trois lignes seulement, representées sur vn tableau, formerent dans les esprits, vne Idée de la perfection du plus excellent Peintre du monde. Et ie veux vous figurer icy trois petits lineamens, pour vous mettre en veuë, les merites nompareils de Louys De Sales, en sa pieté solide, en son esgalité d'esprit, et en son admirable douceur ; comme les trois principales branches de l'arbre qui ont produit mille rameaux d'vne infinité de vertus.

Que si ie n'ay de l'art, ny de la nature, assez d'addresse, pour m'acquitter de cette entreprise, ie fonderay mon excuse, sur la modestie du Defunct, qui a tousiours plus desiré, de se recommander par sa propre vertu, que par les loüanges d'autruy, comme celuy, qui auoit estably en sa propre conscience, le principal theatre de sa gloire. Et quoy qu'il n'y ait point d'obligation au monde, plus saintement contractée, que celle qui est deuë de la loüange à la vertu ; les hommes pourtant, dont l'integrité est signalée, sont plutost obscurcis, qu'illustrez par le vain effort de ceux, qui ne peuuent apporter des paroles esgales à leur merite.

Et si d'ailleurs quelqu'vn s'estonne, que pour vne si fleurissante memoire et pour les funerailles d'vn si grand homme, ce discours n'est pas assez lugubre, non plus que cet appareil, qui tesmoigne, plus de ioye, que de larmes; plus de iour, que de nuit; plus de consolations, que de regrets. I'aduoüe que ce n'est pas vn petit ornement à la gloire d'un defunct, que le dueil commun de tous ceux qui l'ont connu : et que la plus honneste fin est celle qui est suyuie du regret des bons; mais Monsieur le Comte de Sales est mort en façon, qu'on ne doit pas le regretter : Il a vescu en sorte, qu'il n'a deu rien craindre en sa mort. Et comme la Nature a obligé à la mort esgalement tous les hommes, la mort pourtant n'est pas esgale à tous : l'oubly, et la loüange, en font la distinction. Et ceux là seuls doiuènt désirer la vie, qui la sçauent finir, par vn honnorable endroit, qui tesmoigne leur salut, et exige la loüange d'autruy, c'est pourquoy, quand ie voy les feux de tant de flambeaux allumez, signe ordinaire de l'immortalité; et au lieu de larmes, tant d'estoilles parsemer son tombeau, pour vraye marque de sa gloire. Ie voy bien, que mon office n'est pas maintenant, de vous representer les raisons, que nous auons eu de regretter et de plaindre : mais plutost celles, que nous auons de finir nos regrets, par le commencement de la consideration du bien, dont il ioüit par son trespas, et chanter saintement auec l'Eglise, sur la sepulture, bien plus à propos, qu'Antigonus en ses auditions merueilleuses, ne disoit du tombeau d'Orphée, où les Rossignols chantoient plus melodieusement qu'en tous les autres endroits de la terre.

I'ay souuent fait reflexion, pourquoy, ce deuoir de pieté, dans lequel nous sommes occupez, a esté si longuement differé : puisque ie sçay que ceux qui le deuoient procurer, n'ont pas manqué de zele en cet endroit : mais ie connois que la Prouidence qui conduit toutes choses à la fin, qui leur est plus conuenable, a differé cet office d'honneur, iusques à ce iour, comme à sa maturité, pour le rendre plus accomply : car ayant besoin pour estre tel, d'estre moderément entremeslé de douleur et de loüange : si lors que la playe estoit encore fraische, nous eussions vaqué à ce deuoir, la douleur seule auroit saisy nos cœurs et nos visages, et les obseques d'vn si grand homme, n'eussent eu peut estre autre ornement que nos larmes. Mais maintenant le temps a donné tresve à nostre dueil, et a fait retourner nostre memoire en derriere, pour contempler, non quel est, en estat de mort, celuy, que nous pensions d'auoir perdu : mais quel il est dans l'estat de la vraye vie. Pour nous donner le moyen de le ressusciter icy et le faire voir à tous ceux qui cherissent sa memoire, encore viuant : et l'envisager en son plus bel endroit, par les traits de ses vertus, et par la pensée de la iouyssance des fruits qu'il tire de sa belle vie, à la faueur de son heureuse mort.

Ie loüe auec l'antiquité la pieté de cette Arthemise, qui detrempant les cendres de son cher Mausole, les auala dans vn breuuage, et outre le sepulchre viuant de son corps, luy bastit pour monument, vne des merueilles du monde. Cet honneur ne sera rien, au prix de celuy, que Louys de Sales attend de ceux, qui ont le bon-heur de luy appartenir; non seulement quand ils imprimeront en leur ame, l'image de la sienne, et feront reviure en eux les vertus, dont il les edifiez : mais principalement quand leur foy surmontera les tendresses de leur pieté, par les tesmoignages des conjouyssances qu'il attend d'eux, sur son bon-heur eternel.

O Dieu ! s'escrie en semblable suiet, son B. Frere. Si nous pouuions comprendre les veritez, que nous receuons par la Foy, combien nous serions aisément consolez en la mort de ceux à qui nous auons quelque deuoir de sang, d'amitié, ou d'honneur : nous nous imaginons qu'ils sont morts, et en la mort; et ils ne le sont plus; ils le furent seulement au dernier instant de cette vie. Ha! que nous sommes bien trompez, quand nous appellons morts, ceux qui ont passé cette vie mortelle, et viuans ceux qui la passent encores. Nous nommons, viuants ceux qui meurent tous les iours, parce qu'ils n'ont pas acheué de mourir; et ceux qui ont acheué de mourir, nous les appellons morts. Nous imitons les Peintres qui ne sçauent representer les Anges qu'auec des corps, parce que iamais ils ne furent veus autrement; ainsi nous nommons les Defuncts morts, parce que nous ne les auons iamais veus, sinon en la mort de cette vie, ou en la vie de cette mort. Mais! si nous les voyons maintenant qu'ils en sont deliurez, mon Dieu! que nous serions honteux de les auoir appellez morts; et que nous serions en peine, de treuuer de belles paroles pour exprimer l'excellençe de la vie, où ils sont arriuez; Aussi le plus ciuil langage du vulgaire, ne les appelle pas morts, mais trespassez, protestant assés, que la mort, n'est qu'un passage, au delà duquel ils sont passez à la Gloire.

Donc Messieurs, puis qu'il n'est plus temps de regarder Louys de Sales, qu'en esprit, et auec l'esprit incorruptible, eternel, et revestu d'immortalité, et qu'il seroit mal à propos de repasser icy sur tous les aages de sa vie mortelle, si elle ne nous fournissoit le puissant argument en toutes ses parties, qu'il est passé dans l'immortelle. Ie puis librement dire de luy, pour le considerer tel, ce que Philon a dit de Moyse, et quant aux grands aduantages de la Nature, et quant aux heureux effets de la

BIBLIOTHÈQUE NATIONALE IMPRIMÉS. R.F.

grace, que Dieu le laissa viure iusques à vne grande vieillesse, tousiours dans les actions glorieuses, dans les vertus, et dans les contemplations; tellement que son corps, quoyque tout vsé, et consumé, estoit quasi tout changé en la substance de son esprit : et ie puis adiouster encore sur la multitude des vertus, qui nous l'ont rendu admirable, que veritablement ce n'est pas tous les iours que naissent les Phœnix, non plus que les Moyses.

Ptolomée disoit, que iamais les grands personnages ne naissent sans vne conspiration du Ciel, qui ramasse ses meilleurs Astres, et ses plus fauorables influences, pour les saluër, aussi-tost, qu'ils saluent le iour. Nous ne voulons pas deferer à la Iudiciaire sur la qualité des Estoiles, qui ont dominé à l'heure de la naissance de Loüis de Sales, faisant rencontrer fauorablement le Soleil, Iupiter, et Mercure, au Cancer, à l'heure de son entrée au monde; puisque luy mesme, jetta dans le feu, par horreur de toute superstition, à la satisfaction de son B. Frere, l'Horoscope, qu'vn sçauant Astrologue luy auoit fait à Rome : mais nous pouuons bien advoüer, que la Prouidence, qui passe infiniment l'effet de tous les Globes celestes, a pris le soing de former en ce Seigneur, vn Chef d'œuure de ses mains, pour le monstrer dans son siecle, vn sujet fauorisé de la Nature, et de la Grace. La Nature fut employée, pour luy former vn corps, capable de soustenir les impressions de cet esprit diuin, que Dieu y vouloit loger; de sorte qu'outre la belle composition, de ses membres, la majesté de son visage, et les attraits de ses yeux, qui triomphoient des cœurs; l'harmonie d'vne complexion parfaite s'y est rencontrée, auec tant d'auantage, que durant vne si longue vie, il n'eut iamais douleur en la teste, ny mesmes en tout son corps, iusques apres les soixante et dix ans.

Ce n'est pas tousiours que la Nature, est si prodigue de ses biens; elle se contente, en plusieurs, d'orner la maison, sans se soucier de son hostesse : Et s'il y a vne belle apparence au dehors, il y a peu de remply au dedans : mais en Louys de Sales, tout estoit accomply, et iamais l'esprit ne desmentit, la belle monstre du corps; l'entendement estoit vif, et perçant; la memoire tres-heureuse, et le iugement solide et net. La Nature, dis-ie, n'a pas de peu releué ses faueurs, le faisant naistre de parens nobles et illustres, Chrestiens et Catholiques, au Chasteau de Brens en Chablaix, comme vn autre Iob, en la terre de Hus. I'ay dit de Parens nobles et illustres; Tels qu'estoient, vn François de Sales, son Pere; vn Iean de Sales, son Ayeul; vn Christophle, fils de Iean son Bis-ayeul. Telle qu'estoit vne Françoise de Sionnas, sa Mere, fille d'vn Melchior; petite-fille de Iaques, fils de Claude de Sionnas son Bis-ayeul : surgeons des genereuses alliances, et des signalèes maisons, de Forax, d'Arlod, de Ballaison, de Charansonnay, de Maillard, de Chenex, de Luxinge, de Cohendier, de la Charnée, de Forrier, de Chiuron, de Challand, du Frenoir, de Menthon; et des plus releuées de l'Estat en toutes sortes de Tiltres : Ne voulant au reste remonter, pour ne chercher l'infini; ny nommer icy tant de Cheualiers de cette noble race; comme vn Pierre de Sales en l'année 1235. Vn Iaques en l'année 1287. Vn autre Pierre, Cheualier de Rhodes Commandeur de Geneuois, en l'année 1546. Ny d'escrire leurs emplois remarquables, tels qu'vn accommodement entre les anciens Comtes de Sauoye, et de Geneuois, en l'année 1358. Vn Arbitrage, fait desia en l'année 1186. Ie dy 1186. Comme il se void, par des Tiltres authentiques, qui sont dans les Archiues du Chapitre de l'Eglise Cathedrale de S. Pierre de Geneue, et lequel le fit, entre l'Euesque de Geneue Nantelinus, et le Comte de Geneuois Aymo, par vn Henry de Sales, qui est nommé en cet Acte, deuant plusieurs Barons et Seigneurs, qui l'ont authorisé. Tels autres emplois encore ne puis-ie dire, comme l'establissement de Commandans et Capitaines au Chasteau de Raconis, par le Comte Verd Amedée VI. Ny nommer, tant d'autres faits Escuiers des Empereurs, des Rois, et des plus grands Princes : comme vn François de Sales, de l'Empereur Charles V, vn Iean, fils de Iordan de Sales, de Louys XI, Roy de France : Moins encore faire le denombrement, de tant de hautes charges, dont nous auons veu cette race genereuse, s'estre iusques à present glorieusement acquittée : Ny enfin exposer, ce que nous auons veu combler la gloire de Louys de Sales, par les merites des siens en nos iours, comptant en moins de vingt-cinq ans, de morts dans l'Italie, au seruice actuel de nos Princes ; deux de ses freres, deux de ses fils, deux de ses nepveus, deux de ses petits nepveus. Et voyant par trois fois la Crosse de Geneue, plantée si saintement, dans sa maison. Ny en vn mot dresser les Genealogies, des deux illustres familles, où sa prudence l'a conduit, pour contracter, par ses deux mariages, deux heureuses alliances : la premiere, en la tres-noble et tres-ancienne maison de Pingon-Cusy, signalée par les plus hautes charges de l'Estat. Et l'autre, en l'illustre maison des Roüers, qui a produit plusieurs grands personnages en toutes conditions. Ainsi a-il laissé l'exemple a ses successeurs, de chercher la source de la vertu, dans la vraye

Noblesse : comme a fait par son conseil, celuy que Dieu a destiné l'heritier de ses domaines, et de ses vertus, s'alliant à la puissante Maison de Valpergue, qui tire son origine des anciens Rois de Lombardie. Mais puisque le principal fondement de sa Noblesse esclattera beaucoup plus en luy seul : ie veux seulement m'arrester, sur le caractere de sa propre vertu : deferant à ce beau trait de S. Ambroise, que la Noblesse, n'a point de meilleure marque, que celle de la sainteté : les hommes sont la race des hommes : mais les Vertus sont la race des ames. Il est vray que l'Escriture mesme, recommande la Noblesse és personnes des trois valeureux enfans, detenus en la captiuité de Babylone : en celle d'Eleazar, et de plusieurs autres. Et c'est merueille, que S. Hierosme en l'Epitaphe de S. Paule, n'a pas oublié qu'elle estoit descenduë d'Agamemnon : Ce qui ne seroit iamais mis en ligne de conte, n'estoit que la Noblesse, est mise au nombre des biens temporels, qui sont despartis de la Prouidence de Dieu ; mais à le bien prendre, nous advoüerons le dire de Petrarque ; que si la Noblesse n'estoit attachée qu'à la chair et au sang, ce seroit peu de chose, puis qu'il est bien difficile, de distinguer le sang des Cesars, d'auec celui des Facquins. Et Mercure Trismegiste a esté de cette opinion, quand sous l'escorce d'vne Fable, il a representé, que les ames boiuent inesgalement, dans la couppe de l'Esprit ; pour nous donner cette Maxime, qu'elles n'ont pas toutes vn mesme rapport, aux qualitez accidentelles, bien qu'en leur essence elles soient inalterables.

Pour ne point donc chatoüiller les Nobles, par des raisons foibles, et simplement apparentes : Il faut qu'ils sçachent, qu'encore que l'on advoüeroit, cette diversité en l'œconomie des esprits humains, la consequence ne seroit pas absoluë, que les Nobles seroient tousiours les mieux partagés. Dieu n'accepte point les personnes en cette distribution : Il y a des esprits qui sont venus au monde, parmy les araignées d'vne chetiue cabane, qui ont remply les siecles de l'admiration de leur grandeur; et d'autres qui ont esté receus dans les clinquans, et la pourpre, qui ont esté extremement stupides et hebetez : Et comme s'escrie vn grand Docte de ce temps, qui me fournit ce raisonnement : combien la Fortune en retient-elle à la rame, qui meriteroient d'estre au timon : et combien y en a il au timon, qui meriteroient d'estre à la rame?

Comme Louys de Sales, ce parfait Chrestien, et vertueusement Noble, disoit et monstroit aux occasions, que la Noblesse doit estre deffenduë, au mesme prix que la vie, estant couronnée de l'honneur, ainsi qu'ell'est fondée sur la vertu. Il disoit encore, que le Christianisme apprend, que la plus haute Noblesse, et le plus solide honneur, estoit de mettre les vices sous les pieds, et les vertus sur la teste. Indignes appeloit-il, ceux qui attachent la Noblesse à la chair et au sang, ou à quelques vieilles masures, et à quelques tombeaux qui couurent vn rien sous les dorures d'vn Epitaphe. Ridicules ceux, qui se vantent d'vne Noblesse de papier, qui encore ne leur appartient pas, comme si vn aueugle se vantoit, que son pere auroit eu de bons yeux ; et un Begue, que son bisayeul auroit esté grand Orateur ; semblables à ces Escriuisses de mer, qui treuuans de hasard la coquille des grands poissons, toute vuide, entrent dedans, et font les brauaches, d'vne maison empruntée.

Il s'est treuué tant d'hommes, qui ont eu la fade ambition, de porter de grands Noms, qui se sont fait appeller les freres du Soleil, les cousins des Astres, les Sauueurs, et les Dieux : mais Louys de Sales (à l'exemple du grand Roy S. Louys son Patron, qui se nommoit Louys de Poissy, pour le respect du lieu, qui l'auoit fait Chrestien) ne se souscriuoit qu'avec cinq Lettres, pour exprimer son nom. C'estoit à la façon des bons anciens, au temps que les hommes nommoient les terres; non pas comme à present, que les terres nomment les hommes ; Tant de petits villages, de granges, de prés, et de champs brauent dans le papier, et tiennent à la gehenne nos memoires, pour nommer vn homme, qui se deuroit plutost nommer, et renommer de vertus, qui font les vrais heritages des hommes.

C'estoit vn Paradoxe, souuent proferé par Louys de Sales, et mesmes repeté à sa mort, que, où la vertu, et la pieté n'est pas hereditaire, la gloire ne le peut estre, pour quelque consideration qu'on puisse alleguer. La Noblesse peut bien passer, auec le sang des peres, en leurs propres enfants : mais iamais l'honneur ne passe aux seconds, qu'auec la vertu, et le merite des premiers. Ces choses-là ne se conseruent que par les mesmes moyens, avec lesquels on les a acquises, et ne se ruinent, que par leurs contraires.

Et s'il attachoit le point de sa veritable Noblesse, en la profession de la pieté, quant à Dieu ; il la faisoit aussi esclatter, au respect des hommes, par la candeur, en ses discours : par la fermeté, en ses promesses : par la verité qu'il prononçoit tousiours sans iuremens : Vertus qui brilloient si hautement en luy, releuées par le secours de la grace, qu'on y voyoit les rayons d'vne auguste majesté, accompagnée de la valeur, de la iustice, de la prudence, de la liberalité, de la bonté, de l'honnesteté, et de toutes les autres parties, qui sont dans vne belle Nature, ce que sont les estoiles, semées sur l'azur du Firmament.

Dans la corruption de ce siecle, où il se treuue tant de petits houbereaux de Noblesse, qui pensent de se faire estimer courageux par la profession de l'impieté, et n'ont quasi qu'vne seule honte, qui est de n'estre pas assés eshontez : où les brauaches, ne sçauent donner autre ornement à leur langage que les blasphemes; et ne pouuans estre vaillans du bras, tranchent hardiment de la langue : Ie ne diray pas seulement que Louys de Sales n'a iamais blasphemé, ny vsé d'aucune imprecation, ou malediction : mais encores que l'on ne l'a iamais ouy iurer, ny sa foy, ny son ame. *Ouy*, et *Non*, par sa candeur l'auoient tellement accredité, que ses paroles ne laissoient iamais ny doute, ny equivoque aux oreilles de personne. Aussy comme il estoit inviolable en ce point, et portoit son cœur sur ses leures, il auoit coustume de declamer en semblables termes contre le mensonge, et les iuremens. Que sert-il, de faire monter les serments par estages iusques aux nuës, pour asseurer vne verité, puis qu'à force de iurer, on la prend enfin pour vn mensonge ? Et apres tout, on ne gaigne rien à mentir, sinon de n'estre pas creu, quand on dit vray ; d'où il s'ensuit que nous deurions estre gens de bien, et synceres, par necessité, et par interest, quand mesmes nous ne le voudrions pas deuenir par deuoir, et pour le respect de la vertu.

Cette franchise et candeur naturelle en ses paroles, donnoit les preuues manifestes de la pureté de son ame.

Ç'est en cecy, qu'il peut seruir d'Idée à tous les seculiers, en ce qui touche la continence des mariez, pour auoir sçeu bannir toutes les amourettes de son cœur, et s'estre resoulu d'aimer parfaitement, celles à qui Dieu l'attacha par le lien coniugal, conuersant auec tant d'honnesteté, de douceur, et de rauissement, qu'il sembloit que ce fut vne compagnie d'Anges sur la terre. Ie laisse à part les protestes, qui sont quelques fois eschappées à son humilité, quand il se laissoit porter à l'inclination, qu'il auait pour magnifier la chasteté: se glorifiant dans la grace de Dieu, de n'auoir iamais eu de pensées que pour les deux femmes, qui auoient limité sa continence. Ie laisse encore le trait de sa pudeur, (tel que celuy de Ioseph, en Egypte : Que celuy de S. Thomas en sa prison du Chasteau de Roche-seiche : et que celuy du B. François son Frere, à Padoüe) qu'il pratiqua pour trophée de sa pudicité, à Rome, chassant honteusement vne effrontée, qui luy osa liurer l'assaut, où il triompha, de mesme que ces trois Anges que i'ay nommez, pour tenir toute sa vie, le pact qu'il auoit fait auec ses yeux, et auec son cœur : pour ne partager iamais ses affections, qu'auec sa legitime moitié. On dit une chose notable du Pescher, que dans la Perse (qui autre fois auoit esté remarquée l'vnique lieu de la naissance de de cet arbre) il estoit venimeux, et mortel : mais despuis qu'il fut transplanté chez les autres nations, il changea de nature, et perdant auec le pays sa malignité, il a porté des fruits assaisonnez d'vne grande douceur.

C'est ainsi que Louys de Sales traitoit le mariage, cette plante merueilleuse, dans le Christianisme : il voyoit bien, que si elle est laissée en sa terre, c'est à dire, dans les bornes de la Nature alterée et desreiglée, ce n'est que poison et que mort : mais que la transplantant en la Loy Euangelique, et la cultiuant auec l'ordre, la pudeur, la continence et la restriction, que dicte la Loy de Dieu, on en tire de la douceur et du profit pour le soulagement et pour l'ornement de la vie humaine. Et i'ay fait vne reflexion, qui n'est pas de petite circonstance, sur les benedictions, dont le Ciel a fauorisé ses deux mariages : en ce qu'il a pu ioindre l'esgalité de ses bon-heurs à ceux du vertueux François de Sales son Pere : ayant laissé tous deux en leur mort le mesme nombre de fils : la Mitre à leurs aisnez, et partageant de mesmes, les vns pour le siecle, les autres pour l'Eglise, et pour l'illustre Cheualerie de Malthe. Aussi ie voy, que pour comble de benedictions, comme il auoit esté si viuement semblable à son Pere, qu'il en souffroit l'enuie de quelques vns de ses freres, comme vn autre Ioseph : Il falloit, que le suiuant en mesmes aduantages, il luy succedast plutost que ses aisnez, en la qualité du tronc, cultiué de Dieu, pour vne telle famille et d'heritier en chef, d'vne si illustre maison : ainsi que son Bien-heureux Frere le luy auoit predit. De sorte que, si nous ne voulons pas luy appliquer, pour ne faire tort à son Pere, l'Eloge du Poëte Tydides, *Meilleur que son Pere*, nous pouuons dire, et il nous suffira pour sa gloire, *Esgal à son Pere*, et *semblable à son Frere*, si nous n'osons pas advancer, quant à ce dernier, qu'il l'a surpassé, en la prattique de certaines vertus, qui ne se peuuent icy expliquer, sur l'estat de sa vocation, seculiere et coniugale.

Ce grand, admirable et Bien-heureux Prelat, tesmoigna bien l'estime, qu'il faisoit de la grande vertu, et science eminente de ce cher Frere, quand auant que de donner le iour à son Liure tout diuin, qui esbloüit les yeux, et les esprits des plus doctes, et des plus saints : il le luy monstra, pour en dire son sentiment, pour y adiouster ou diminuer, et pour y inserer les plus delicates Poësies, dont il est entremeslé.

Aussy pouuait-on dire, que l'esprit de ce Seigneur, estoit vne Bibliotheque animée de l'esprit de tous les arts : que par sa bouche, parloient toutes les lettres, et les plus belles maximes de l'Estat, de pieté, et de vertus ; qu'il tenoit l'empire des Sciences si aduantageusement qu'elles sembloient n'estre faites que pour luy. Il possedoit les plus belles lettres humaines ; il excelloit en la Rhetorique, en la Poësie, en l'Histoire ; en la Philosophie, notamment en la Morale ; en la Iurisprudence par profession : mais sur tout, en la Theologie, particulierement en la Positiue, et tres-profondement en la Mystique, et encor notablement en la Medecine (si plutost nous n'imputons à miracle plusieurs guerisons qu'il a operées:) mais de tout ce qui regarde ce point, ie m'en tay pour le present, et ie laisseray parler le bruit commun, de ce qui se passe despuis son decés, comme de plusieurs cas estrangers, que l'on a admirés de son approche ; Tel que celuy, qui est public en cette Ville, quand la fille d'vn Bourgeois, tombant de si haut à ses pieds, dans la ruë, lors qu'il passoit, qu'on l'estimoit morte, ou toute froissée ; il la releua, disant *Viue Iesus*, et elle se treuua sans blesseure, et sans incommodité. Ie reviens donc à dire, que sa profonde science paroit encore, sur les plus beaux liuvres de son Cabinet, qu'il a chargés d'annotations, escrites de sa main, et qui semblent de surpasser le prix de leur texte ; et paroistra dans son iour, si l'on donne la lumiere à tant de beaux traittés qu'il a composés, notamment de l'immortalité de l'âme, du temps, des duëls, de la prudence, de la predestination, de la solidité de l'Eglise Romaine; ses resolutions, ses Epistres, son Testament et divers Poëmes.

Cette capacité : si extraordinaire, iointe à sa douceur, et à sa suauité, l'auoit rendu l'Arbitre, et le Pacificateur des differens des Grands, et des gens de condition ; et sa bonté le faisoit condescendre à terminer les procés, et les querelles des plus rustiques et grossiers ; qui flechissoient par tout à ses caresses, et à ses amiables raisonnemens ; et qui le plus souuent estoient vaincus, et adoucis inopinément par ses oraisons accoustumées en ces emplois. Les bons Aduocats et Procureurs, qui l'appelloient le President des Accords, s'asseuroient tousiours d'vne bonne yssue ; et de l'execution, és Assemblées où il presidoit. Les Iuges et les Arbitres, rendent ordinairement vne des parties malcontente, et ne peuuent faire executer leurs Iugemens qu'auec la force : mais Louys de Sales, les executoit par sa persuasion et sa debonnaireté.

Dieu donnant sa benediction à Noé et à ses enfans, voulut que leur terreur fust sur tous les animaux de la terre. S. Gregoire dit, que Dieu vsa de ces termes, pour monstrer que la frayeur n'est que pour subjuguer les bestes, et la douceur pour entretenir les hommes. Ce n'est pas le bruit, ny les esclairs qui font les beaux iours, c'est le calme, et la serenité qui nous les rendent agreables : et si la mansuetude donne la paisible iouyssance de la terre, et les delices d'vne paix multipliée : si les plus terrible Superieurs sont les moins obéïs : le pere le plus fascheux, le moins respecté de ses enfants; le plus cruel maistre, le moins aymé de ses seruiteurs. Nous estonnerons-nous, que Louys de Sales (outre qu'il a iouy de l'heritage de tous ses freres dans vne entiere tranquilité) ait esté honnoré de ses enfans, comme vn Sainct ; que ses sujets l'ayent aimé comme leur pere; que les seruiteurs l'ayent seruy à l'enuy, et que la suauité de son esprit et de sa conduite, l'ait fait regner sur tous les cœurs, que sa charité entreprenoit d'adoucir, par le miel de ses paroles.

Cette vertu de Mansuetude, estoit accompagnée d'vne humilité Chrestienne si profonde, qu'il respectoit et honnoroit vniuersellement tout le monde, iusques aux plus petits, leuant le chapeau pour saluer qui que ce fut : et presque tousiours les plus discrets estoient mortifiez de se voir surpris, par vn personnage, d'vn tel merite : mais sur tous, et par tout, les Ecclesiastiques, et ses ennemis mesmes, si vn tel agneau en auoit.

C'estoit chose remarquable de voir le peuple le regarder, auec tant d'amour, et s'entredire apres son passage: ha! qu'il fait bon voir ce bon Seigneur! vous eussiez admiré, que le respect public, és salutations, que chacun luy rendoit, l'empeschoit quelques-fois de se pouuoir couurir tout au long d'vne ruë : et se faut-il estonner, s'il auait l'empire des cœurs?

Ce n'estoit pas dans le seul esclat des sublimes connoissances, qu'il puisoit la force charmante de cet ascendant, qu'il auoit sur les hommes les plus farouches : mais c'estoit plutost dans cette esgalité de benignité, qui sans chatoüiller personne, emportoit les volontez, pour plier au poids et à la grauité de ses sentimens; et les plus spirituels coniecturoient, qu'il empruntoit plus de lumieres de la science secrette des Saincts, que de l'abondance des beaux liures, qui cultiuoient sa memoire prompte sur tous sujets, et à toutes rencontres :

et que sa principale Eschole, estoit la mesme que celle de l'ancien Arsenius, Precepteur de deux grands Empereurs, le plus rompu de son siecle en toutes sciences : mais sur tout en l'humilité Chrestienne, et que vous eussiez dit auoir esté son familier : parce que bien souuent il le citoit, pour authoriser ses maximes; et qui interrogé vn iour, pourquoy, luy qui estoit si habile homme, frequentoit vn certain pauure Hermite, s'assuietissant à la conduite d'vn si petit maistre : parce , dit il, qu'en toutes mes estudes, ie confesse de n'auoir iamais encore appris l'ignorance, et la simplicité d'vn si pauure rustique.

En effect, vn esprit mondain, considerant l'Euangelique simplicité de Louys de Sales, se pourroit faire accroire, qu'il n'estoit point asses r'affiné, dans les addresses d'vn grand homme du siecle : que l'exces de la deuotion, esmoussoit necessairement en luy la vigueur des sens : et que la tendresse de sa conscience estoit incompatible auec les principes des plus hautes Politiques. C'est icy l'abus des gens du monde, qui veulent estre sages, hors de Dieu : ils croyent que les grandeurs du Christianisme, fondées en la pieté, et en la Iustice, se peuuent heureusement conseruer, par les ruses et par les maximes, qui sont communes aux Payens, et aux Infidelles : ils se figurent la perfection Chrestienne comme vn oyseau, qui n'est pas de leur prise, et vne qualité disproportionnée à leur Estat; ils n'estiment pas possible que Louys de Sales, estant dans le monde, puisse bastir vn desert dans son cœur : et que dans cette mer il puisse viure comme les poissons, qui gardent le silence dans le bruit des flots, et la douce charnure, parmy l'eau salée.

C'est dans cette rettraitte, que l'homme sage fait chez soy, tant loüee par le grand Empereur Antonin, qu'il asseure, qu'en tous les Palais, et en toutes les delices des Rois du monde, il n'y a rien de comparable, à la maison d'vne bonne conscience; C'est là où l'ame de Louys de Sales se replioit dans soy-mesme, où elle entroit comme dans vn monde nouueau, vn monde intelligible, vn monde paisible, vn monde riant, dans la serenité des airs, et des esclattantes lumieres, ainsi que parle S. Cyprien. C'est ainsi que desgousté des revolutions du monde, il se guindoit par dessus les voyes de la Lune, et les routes du Soleil, dans ce beau Temple de l'Eternité où viuent les Esprits, qui sont despoüillez de ces masses de chair et d'os que nous trainons.

C'estoit se bastir vn Ciel en terre, plus aduantageusement que Cosroes Roy de Perse, ne sçeut faire par vanité, puisque dans vne verité tres solide, Louys de Sales s'estoit basty vn Temple celeste de repos, et de tranquillité, qui luy faisoit mespriser tout ce qui estoit hors de luy, et oublier toutes les mutations du siecle, pour s'entretenir continuellement dans les beautez diuines. C'est là, comme dit Albert le Grand, au liure du Paradis de l'ame, que tous nos sens, tous nos membres, et toutes nos œuures exterieures font ioug à la raison : et que toutes nos pensées et intentions, et tout ce qui est de l'interieure republique, roule sous l'ordre, et sous la puissance de nostre ame. Enfin il sçauoit et professoit, que la bonne conscience est comme dit S. Bernard le tiltre de la Religion, le Temple de Salomon, le champ de benediction, le iardin de delices, la couche d'or, la ioye des Anges, l'arche d'alliance, le thresor royal, la sale de Dieu, la cour du Ciel, le Palais du S. Esprit. C'est sur ces hautes montagnes de contemplation, où son ame s'est tant de fois blanchie, dans la beauté des vertus, et espurée dans le precioux alambic des charitez eternelles, où toutes les grandes ames se deïfient. C'est dans cet esloignement du monde, qu'il se treuuoit tousiours proche de Dieu, et disposé pour consoler tous ceux qui l'abordoient, et verser dans leurs cœurs, l'abondance des suauitez, qu'il puisoit és sources celestes, par des maximes d'vne Philosophie toute diuine.

Ie l'ay entendu donner ces consolations à vne personne persecutée: il faut leuer les yeux vers le Ciel, ou pendent les coronnes, que l'on meritera en terre, dans l'exercice que Dieu permet, que les mauuais donnent aux bons à ce dessein: vne des marques de la malice de ce siecle, et qui nous le doit rendre odieux, et le Ciel aimable, c'est que les grands y offensent impunément les petits : les foibles y sont tousiours la proye des plus forts, et on y foule aux pieds ceux qui s'abbaissent et s'humilient. Les r'affinez de ce temps, taschent de rendre les gens de bien invtiles, afin qu'ils soient moins considerables, et moins employez, et qu'ainsi l'on concede liberalement à l'indignité, ce qui est refusé au merite : souuent mesmes au lieu de la recompence d'vne action de grande vertu, on encourt les disgraces, et les chastiments d'vn crime supposé. Et comme il estoit abondant en excellentes similitudes, il adioustoit : On traitte ordinairement les vertueux, comme les Noyers, plus ils rapportent de fruicts, et plus on leur donne de coups de gaule: chacun d'eux fait plus d'vne paix, et plus d'vn traitté durant cette vie : ils sont tousiours sur la deffensiue contre les meschans, et apres en auoir receu des mespris, et des affronts innombrables, encore sont ils contraints d'advoüer qu'ils sont en tort, et qu'ils ont failly. Il faut cependant pour ne pas redoubler nos persecutions, auoir tousiours de grands yeux, de grandes oreilles, et vne bien petite bouche; et ne se seruir de la langue, que rarement et vtilement : Il y a des temps, où il faut parler, et d'autres où le silence est tres-necessaire : Il faut penser, à ce que l'on dit; mais il ne faut pas tousiours dire ce que l'on pense; l'on deffend de dire, ce qui est faux : mais on ne commande pas, de dire tout ce qui est vray : Et il vaut mieux simuler, ou taire ce que nous sçauons, que de publier des veritez odieuses.

Neantmoins par cette douce et graue façon, qui respandoit par sa voix, vn flux continuel de sagesse; quelque imperfection, qu'il rencontra parmy les infirmes; il ne déclaroit iamais la guerre à personne, non pas mesmes aux indiscrets, ny aux insolents. Il auoit dans sa modestie, ie ne sçay quoy de seuere, aussi bien que de doux, qui estoit mesmes respecté, par l'audace, et par la superbe : Et pour ce qu'il portoit tousiours la debonnairetė sur son front, aussi bien qu'en ses regards, et qu'en ses paroles, et qu'il estoit naturellement pacifique, il ne venoit iamais aux outrages, ny aux paroles de cholere, pour retenir les pernicieux dans leur deuoir.

Ce n'est pas qu'il tolerast iamais le peché, ny le scandale en ses domestiques, ny en ses seruiteurs, ny en ses officiers : car au contraire, il chassoit les premiers de sa maison, aussi tost qu'il les reconnoissoit vicieux, ou insolens seulement en paroles, et deposoit de leurs charges les autres, quand il les auoit surpris prevariquer; Ny que le zele de Iustice luy manquast, quand il a creu de deuoir poursuiure, iusques au dernier supplice, les enormes criminels : tels que furent certains incendiaires, et faussaires, quelque despence qu'il luy ayt fallu souffrir à ce sujet, et quelque violence qu'il ayt faite sur sa clemence, en faueur de sa iuste severité : il ne refusoit iamais d'ententre les plaintes de ses sujets; mais il ne condamnoit point l'vne des parties sans l'ouyr; ayant coustume de dire à cet effet, qu'il falloit entendre deux cloches l'vne apres l'autre, pour bien iuger de leurs sons.

La modestie aussi qui paroissoit en l'humilité de ses vestemens, (et lesquels il receuoit comme par maniere de presents de ceux, qu'il auoit chargez de l'œconomie de ses biens,) ne l'empeschoit pas, quand il en estoit temps, de manifester la profession, qu'il faisoit de la propreté, et de l'honneur : Il n'y auoit au monde si bel habit, qu'il ne rendit plus beau, en le portant. De mesmes que sa grande sobrieté, (qui le faisoit taire, sur l'approbation des meilleurs mets, et tousiours loüer, et manger les moindres viandes, qui luy fussent presentées, sans iamais se plaindre d'aucun apprest,) ne l'a pas empesché, dans les occasions, de se monstrer splendide et genereux ; comme, dans les nopces ; dans les baptesmes, dans les funerailles, aux Messes nouuelles, aux receptions des amis, ou allant en Cour ; et iamais dans les despenses invtiles et vaines, dont la memoire ne dure pas plus que la fumée, et qui ne meritent pas le nom de magnificences : mais plutost celui de prodigalité, et de profusion.

Cette frugalité solidement Chrestienne, n'estoit point affectée par des abstinences superstitieuses; Il ieusnoit tres-exactement tous les iours commandez par l'Eglise, et souuent en ses collations, il ne mangeoit qu'vn peu de pain, et ne beuuoit qu'vn peu de vin encore bien trempé.

C'estoit auec vne reuerence, et attention extatique, qu'il entendoit la Messe tous les iours, en la Chappelle de son Chasteau : et aux iours des Festes solemnelles, il alloit à pied, (et peu d'années auant son decés, il se faisoit porter) en l'Eglise paroissiale, pour les grandes Messes et pour Vespres; où il assistoit auec vn tel exemple de deuotion, que tout le peuple estoit autant persuadé à la pieté, par sa contenance, que par la plus puissante Predication : Mais quel spectacle rauissant, et digne de l'admiration des Anges de voir à sa venuë, et à son retour de l'Eglise en sa maison, le chemin remply de ses bons sujets, se preuallans de l'affabilité de leur Seigneur, qui ne perdoit point le temps de les entretenir et enseigner sur les Mysteres de la Foy, et des choses saintes, et sacrées? le voyage n'estoit iamais que trop court, pour les escoutans; Et vous eussiez dit, que c'estoit vne Procession, qu'il conduisoit en Paradis, par le chemin de l'Eglise; mais c'estoit en tous lieux, et en toutes occasions, qu'il se rendoit le Catechiste, le Predicateur, et le Docteur des plus Idiots, et principalement, c'estoit dans sa maison, et sur tout en hyuer (où il y a tant d'heures à perdre pour les paresseux,) qu'il assembloit toute sa famille, faisant ranger ses seruiteurs debout, et à teste nuë, à l'entour de Madame la comtesse, et de messieurs ses enfans, assis auec luy proche du feu: et là, il employoit le temps, (que presque tout le monde perd en diuertissemens, et discours invtiles,) à des entretiens, ou plutost à des Predications si deuotes, et si excellentes, que ses domestiques, ont par tout publié, de n'auoir iamais oüy rien d'esgal, ny auec tant de profit dans les

Eglises, tant il s'accommodoit à la capacité d'vn chacun.

Cette pieté publique nous fourniroit de suffisantes coniectures de ce qui se passoit en sa deuotion secrette, si nonobstant le soin, que son humilité apportoit pour cacher aux hommes sa continuelle prattique de l'oraison, il n'auoit souuent esté surpris, et de nuit et de iour en des recoins et lieux tenebreux en ce saint exercice : vsant si aspremeut de la discipline, que la personne qui auoit le plus d'interest à sa conseruation, iugeoit expedient de l'espier, et de la luy arracher quelques fois des mains, sur tout dés qu'il sembla que sa vieillesse, ne luy deuoit pas permettre cette rigueur, auec tant de violence.

Ce zele à l'vsage des bonnes œuures, et à la prattique de tous les conseils Euangeliques luy persuadoit, qu'il n'estoit iamais asses riche de bien faire, et de proffiter de la part des biens spirituels d'autruy : c'est pourquoy il se glorifioit souuent, du bon-heur qu'il auoit, des Lettres de participation, de plusieurs Religions, comme de ses plus chers thresors. Il ne portoit point d'argent sur soy, depuis si long temps, qu'il auoit tasché de se despoüiller du tracas du monde, sinon pour faire ses aumosnes, et ses offrandes. Il estoit exact en l'accomplissement de plusieurs vœux, et notamment en celuy de ne ioüer iamais aux Cartes, ny aux Dés : loüant Dieu de ce que par le mérite d'vn vœu, il auoit vne fois eschappé d'estre submergé. Le mesme zele, le faisoit merueilleusement reussir pour appriuoiser, et corriger les blasphemateurs, leur donnant entre plusieurs remedes, celuy d'attacher sur eux en quelque endroit le plus visible, vn petit ruban, ou autre signe, qui les fit ressouuenir de leur bon dessein, pour s'amender.

La marque euidente de son vnion perpetuelle à Dieu, et de son attention à sa diuine presence, paroissoit aux souspirs amoureux, qui luy eschappoient souuent; et à l'esleuation frequente de ses yeux au Ciel : qui tesmoignoient l'entre-suitte de ses oraisons iaculatoires, et pour ne perdre iamais les occasions, de satisfaire aux prieres vocales, qu'ils s'estoit prescrittes. Il portoit en sa pochette vn liuret escrit de sa main, où il auoit compilé les plus doux entretiens, qu'il auoit sçeu ramasser au goust de sa pieté, auec les actes de Foy, d'Esperance, et d'Amour, qu'il reïteroit dans le meslange de ses solliloques auec Dieu : Et soit que ce fust par humilité, ou pour éuiter de n'estre interrompu en sa solitude, il recherchoit de se desrober à ses seruiteurs, pour se seruir luy mesme : et pource il ne se faschoit iamais de leurs retardemens, ný de leur absence, sinon qu'il s'apperçeut, qu'elle prouint de quelque desbauche.

Ie pourrois encherir l'esclat de cette pieté, par celle qui reluit en son Testament, concerté auec tant de prudence, que c'est vne pure institution de la paix dans sa famille, et l'image de la vertu, qu'il a leguée à tous les pretendans. Ie pourrois exaggerer encore ce zele, qui tesmoigne qu'il se vouloit luy-mesme donner tout à Dieu, par le don, qu'il a si ardemment recherché de faire du meilleur de ses biens à l'Ordre de la Visitation. Dessein de pieté que ie m'asseure, il pourra maintenant faire revssir aupres de Dieu, plus efficacement qu'il n'a peù faire deuant les hommes : d'où ie prens l'augure, sur le legat de son Cœur, qu'il a donné à ce mesme Ordre, qui doit son origine à sa sainte Maison : et qui peut dire, qu'il a sans defaut, en mesme lieu le corps du B. François tout entier, auquel il ne manquoit, que de ioindre ce cœur, si vniforme, et semblable à celuy, que Lyon s'est reserué, pour vn riche thresor.

Cette deuotion n'aura elle pas plus operé, que sa grande prudence, quand on vit preseruer de peste sa grande populace de Sales, et de Thorens, és deux années de suitte, qu'elle rauagea son voisinage : comme en effet le concours de tant de fortes gens, de tous les costez les plus infectez, (que le Siege Episcopal, refugié auec son Chapitre, y faisoit aborder) fit bien iuger qu'il ne pouuoit manquer de miracle, en vne preseruation si perilleuse : aussi outre ses prieres particulieres, il fit renoueller les vœux, et reformer les Statuts de cette ancienne et nombreuse Confrerie de S. Sebastien, qui s'exerce en l'Eglise paroissiale, dans la Chappelle, fondée par sa famille, sous le vocable du mesme Sainct.

Mais cette grande deuotion auoit-elle enerué en sa personne, la vigueur d'vn cœur noble et genereux? l'a-elle empesché d'estre assorty deuant Dieu et deuant les hommes, de grandes et diuines qualitez, pour estre employé des Princes aux plus illustres et importantes affaires? Ie le voy en sa ieunesse, mespriser le hazard de la vie, quand à l'Escalade de Geneue, il portoit la banniere blanche, que le Duc Charles Emanuel luy fit donner par Monsieur d'Albigny, Gouuerneur de Sauoye. Ie le voy tellement estimé de son Souverain, notamment aux deux Ambassades extraordinaires, dont il fut honnoré, l'vne pour Lucerne, et autres Cantons Catholiques des Suisses, et l'autre au Comté de Bourgogne; qu'en cette derniere, Son Altesse le tirant seul dans son Cabinet, ne voulut point de tesmoin, pour luy donner de bouche à bouche ses intentions : aussi s'en acquitta-il auec tant de prudence, et d'accortise, qu'il apprit tous les secrets necessaires à son dessein, par des addresses et dexteritez merueilleuses, quand il vit que ceux à qui il estoit enuoyé, ne donnoient point leurs responses, et resolutions assés claires. Dequoy s'estans apperceus, ils le firent guetter, et suiure par des Coureurs masquez, auec ordre de le perdre : connoissans qu'à moins de ce stratageme, leur mine estoit esvantée : mais Dieu permettant qu'il fust instruit de cette trame, luy suggera vn autre chemin, et luy donna les forces de courir vingt-quatre heures, sans dormir, et sans manger. Sa relation fit iuger au Prince, de quelle tempeste estoient chargées les noires et ombrageuses nuées, qui menaçoient cet Estat : et choisit les moyens d'en empescher les malheurs euidens. Ce fut par la promptitude ordinaire de S. A. que le peu de gendarmerie, que le temps luy permit d'assembler, (et dont l'auantgarde fut donnée au valeureux Bernard de Sales, frere de nostre Louys) chargea les ennemis de si rudes escarmouches, que s'estimans vaincus, auant que d'en venir plus outre aux combats, les articles de soubmission, de paix, et de pardon furent bien tost proposés à la clemence du Prince.

Ce fut en ces mesmes occasions, en l'année 1616, que Louys de Sales, ayant desarmé le Regiment de Poligny, et fait restituer aux villageois le pillage, qu'on auoit exercé, comme sur une terre ennemie, eut charge de le conduire hors de cette Prouince, pour estre employé delà les monts, au seruice du Souuerain, dont il auoit long temps tiré la solde à mauuais dessein. Neantmoins en ces mauuais temps où il estoit si difficile de temporiser, et rendre ses deuoirs, Monseigneur le Duc de Nemours (dont il a esté long temps Conseiller et Cheualier en son Conseil de Geneuois) tesmoigna bien l'estime qu'il faisoit de sa conduitte, et probité, quand il dit au Bien heureux Euesque son frere : Ie ne veux plus qu'autre de vostre maison me parle, que vous, et Monsieur de la Thuille (ainsi le nommoit-on alors).

Cette fidelité, qui est le rayon de celle que l'on rend à Dieu, et qui luy fit refuser vne notable pension, qu'on luy presenta de l'argent d'Espagne, estoit accompagnée du zele qu'il auoit pour l'interest du public : comme il en a donnné des amples preuues en plusieurs rencontres, notamment lors que la garnison Espagnole, commandée par *Don Sanche de Luna* donna à son iugement des soupçons de quelque surprise. Il entra en Maison de Ville, et persuada hautement, que l'on se donnast bien de garde de permettre que les Espagnols achettassent aucune maison ioignante aux portes de la Ville, ainsi qu'ils recherchoient de faire. Par les euenemens de cet aduis, il fut iugé d'auoir deliuré cette Ville d'vn saccagement, comme elle l'auoit desia esté au siecle precedent, par la conduitte d'vn autre Louys de Sales, oncle et parrein de celui-cy, lors que les troupes Prouençales monstrerent, de ne vouloir pas se retirer sans butin, si la vaillance et le soin, d'un si prudent genie, n'eust resisté à la conspiration.

C'est par le mesme zele, pour le bien public, que nostre Louys, calma vne sedition dangereuse, et preste d'en venir aux mains, desia toutes aux armes, sousleuée entre les Bourgeois, et les troupes des Liegeois et Vallons. Et l'on admira les soubmissions, que luy rendit, quoyque dans sa fougue, le Capitaine de Guibenoux Chef de ce tumulte, de mesme que la promptitude de tous les habitans, à se ranger à tout ce qu'il ordonna. C'est ainsi que cette benitte Maison de Sales, ayant donné si souuent des Anges tutelaires à cette heureuse Cité, a voulu encore luy consigner vn thresor immortel, des despoüilles de sa gloire, pour l'enrichir vn iour d'abondances et de commoditez, aussi bien que des vertus, et des benedictions, qu'elle reçoit de si long temps, des mains sacrées de cette sainte famille. En vn mot, ce seroit asses de dire, que luy ayant donné vn François de Sales, pour la rendre considerable à tout l'Vniuers, ie puis m'exempter de redire les obligations qu'elle aura eternellement, à Iean François de Sales son digne Frere, et successeur ; et pour raison de la Charité Pastorale, qui le fit espuiser de tous ses biens, et de ses meubles, iusques à sa vaisselle, et hazarder mille fois sa vie, quand la Peste rendit cette Ville déserte ; et pour le zele, qui le porta à haranguer si puissamment, et si heureusement le Roy Louys XIII, pour le soulagement de ses ouuailles, sur la police miltiaire, que plusieurs en l'innondation d'vne si grande armée, s'enrichirent plutost, que de souffrir la moindre perte.

Ce fut en ce champ Royal, que Louys de Sales Gouuerneur au Chasteau, non seulement par authorité subalterne : mais encore au nom du Souuerain, et selon ses Ordres, arresta trois iours l'armée du Roy, iusques à ce qu'il fut certain de sa presence, et de l'approche du Canon à cinquante pas : et qu'enfin il dit ce beau mot au Mareschal de Chastillon, chef de l'auant-garde : qu'il n'auoit rien eu d'autre à souhaitter, sinon que ce Chasteau fust vn Montmeillan, ou vn chasteau de Nice, pour l'arrester deuant iusques au iour du Iugement, s'ils auoient tant à viure l'vn et l'autre.

Enfin les Princes, et les Grands de son siecle, ont laissé les monuments de leur estime pour luy, dans les lettres, dans les responces, et dans les memoires, qui doiuent estre soigneusement conseruées.

Ce grand Prelat Iean François, luy remettant à son decés le Cordon du Grand Ordre de Sauoye, (dont il estoit Chancelier,) luy fit des soubmissions, et luy donna des Eloges, qui mortifierent bien son humilité. Le B. François, en la viduité de ce cher Frere, eut des pensées de le faire son successeur, mais il en destourna le dessein, auec vne dexterité, et preuue de vertu, qui donna bien de l'admiration au saint Euesque. Enfin le Cadet de ses freres, que ie ne puis oublier sans faire iniure à leur amour reciproque, et veritablement fraternel : Ce rare Cheualier, Gouuerneur du Chasteau de Nice, employé apres tant de voyages et de Carauanes pour l'ordre de Malthe, en tant d'illustres occasions en cet Estat ; ce tant aymé, et aimable Ianus, par grand respect et marque de deference bien pressante pour son aisné, l'appelloit son Pere, et son frere. Plusieurs autres grands esprits de son temps l'ont prattiqué et recherché, comme le sçauant Rodolphe Adunghen, connu dans les Prefaces du Code Fabrien ; Ce prodige de sciences, et parfait Sorbonniste Monsieur le Chanoine Claude-Etienne Nouuellet : le Pere de la Riuiere Minime, et tant d'hommes curieux et profonds, que l'Academie Florimontaine attira auec luy en cette Ville, glorieuse pour lors, sous ces deux grands Genies de nostre siecle, le B. François, et le grand President Faure, l'Oracle des Iurisconsultes, qui l'ayant autre fois conduit à Rome en sa ieunesse, auec le mesme soin, que ses propres enfans, s'estoit lié auec luy, comme auec son B. Frere, d'vne sainte fraternité ; et l'auroit encor eu pour beau-fils ; si la pieté de Louys de Sales, n'eust deferé à l'Espoux celeste

Madame Iaqueline Faure, qui deuoit estre l'vne des premieres Fondatrices de l'Ordre de la Visitation. Apres tous, la modestie et la presence de ce grand René Faure, digne fils d'vn tel Pere, (dans lequel il est veritablement René,) ce tres-digne Senateur et President : Collegue, et si long temps compagnon d'Eschole de nostre Louys, me font taire les tesmoignages authentiques, qu'il rend continuellement à ses merites. De mesmes que ie ne puis nommer icy tant de grands Seigneurs, et personnes signalées, qui passans en cette Ville, n'ont visité, ny complimenté autre que luy, recherchans de le connoistre, de le voir, de l'ouyr, et de l'approcher : comme le duc de Vantadour, le Duc de Bournonville ; et mesmes Mr le Duc d'Orléans, qui le vid dans son Chasteau de Sales, auec des tesmoignages d'vn grand respect, et des entretiens d'vne parfaite satisfaction.

Ie me tay aussi des accueils, dont il a esté honnoré en diuers endroits, comme dans la Ville de Lyon, par les Comtes de S. Iean. En Suisse, et en d'autres voyages faits en Bourgongne. Ie ne m'arreste non plus à d'escrire ce que nous auons veu en tant d'Estrangers, que la sainte memoire de son B. Frere attire tous les iours en cette Ville ; n'estans pas contens de leurs voyages, si apres la veneration des Reliques du Frere trespassé, ils ne voyoient encor le Frere viuant ; publians en suitte, d'auoir veu ce grand Prelat encor en vie, en la personne d'vn si digne Frere, dans lequel ils remarquoient l'esprit de l'autheur, qu'ils n'auoient connu que dans ses liures nompareils ; se satisfaisans d'auoir veu vn autre luy mesme, en vn prototype si naturel de toutes ses vertus. En vn mot, sa memoire laisse dans sa maison tant de gloire et d'honneur par l'vnion de l'esclat de son merite, auec celuy de ses ayeuls, qu'il est difficile de iuger, s'il les a esgalés ou surpassés.

Mais, Messieurs, si la fin de ce discours, doit faire voir l'heureuse fin de sa belle vie : si, comme l'on dit, il n'y a rien de si delicat en la statue, ny de si mal-aisé à polir que les ongles : et rien aussi qui fasse voir plus clairement le chef-d'œuure d'vn homme consommé en vertus qu'vne bonne mort : si le plus important mestier du monde, est celuy de bien mourir : et comme on ne l'exerce qu'vne fois ; si l'on manque de le bien faire, tout est perdu, si c'est le dernier trait du tableau, la derniere lueur du flambeau, qui s'esteint, le dernier esclat du soleil qui se couche : et si l'on peut corriger à la mort tous les defauts d'une mauuaise vie, comme toutes les vertus d'vne bonne vie, sont gastées et soüillées par vne mauuaise mort : si enfin la partie la plus remarquable d'vne Comedie bien representée, est la fin, et la conclusion, qu'il importe de bien faire, parce que la memoire en demeure plusque du reste. La mort de Loüys de Sales toute suaue, toute sainte, correspondante, et esgale à sa vie, n'a point de matiere pour les regrets ny pour les larmes : mais seulement pour les admirations, et pour les consolations trespuissantes. A quel propos donc, selon le procedé ordinaire des Harangueurs funebres, former icy des plaintes contre le sort ; apostropher contre le destin ? et quereller la mort, qu'il a si amoureusement et si saintement abordée, comme le port de sa felicité.

Ez sacrifices d'Eleusine, ceux qui n'estoient pas encor initiez, demeuroient couchez sur le ventre, sans oser leuer les yeux vers le Sacrificateur, et en ce mystère de la dissolution de nostre vie, ceux qui ne sont pas bien instruits et initiez, sont abbatus, et n'osent pas envisager la mort : mais ceux qui sont consommez en la Foy, comme a paru Louys de Sales, luy tendent la main, l'accueillent, et la reçoiuent, comme la consommatrice de leur bonheur.

Seneque parla en Payen, quand il dit, que le plus grand bien que firent iamais les Dieux aux hommes, fut en leur donnant le pouuoir de finir leur vie quand ils voudroient : il parla ignoramment en ce poinct. Ciceron dit beaucoup mieux, que comme le soldat ne peut quitter la sentinelle, où on l'a posé, que son commandant ne l'en leue : de mesme l'homme ne peut abhorrer la vie, que Dieu n'en ayt disposé, et peut receuoir, comme vn bien fait diuin, tant d'occasions d'en sortir comme d'vne prison ennuyeuse.

Ce n'estoit que dans le mesme sentiment de S. Paul, et en proferant les mesmes termes d'vn ardant souhait, que Louys de Salles s'escrioit, ie desire d'estre d'estaché, pour estre auec Iesus-Christ. Et si, comme dit le mesme Seneque, l'ame et la vie d'vn vieillard, ne tient qu'un peu au dessus des levres, et qu'auec un petit souffle elle s'en iroit aisément : tout ainsi que le feu, qui ne treuuant de quoi se nourrir, s'esvanoüit de soy même. Si enfin selon l'ordinaire, les vieillards meurent comme une chandele, c'est à dire, sans violence ; et comme finissans leur vie dans vn doux sommeil ; Monsieur le Comte de Sales a veritablement finy la sienne tout bellement, et si doucement, qu'à peine s'est-on apperceu de son dernier moment : mais ce n'a pas esté, qu'apres auoir souffert les douleurs, et les tourmens d'un vray martyr, l'espace de neuf iours comme si la grace auoit voulu suppléer à son âge, et à sa foiblesse les moyens de meriter la mesme coronne des crucifiez, qu'elle ne voulut pas manquer à son B. Frere, pour les rendre semblables en leur vie, et en leur mort.

Et comme il ne le flattoit point en cette extremité, où il voulut estre couuert de cendres benites, et jettées sur luy de la main de son cher Fils, et Prelat : aussi luy fit-il vn gracieux remerciment, quand ne le flattant point il luy annonça, qu'il ne falloit plus rien attendre que la misericorde de Dieu, auec l'Eternité : à quoy il exclama en ces termes, prononcez deux iours de suitte contre le ciel, et mettant les deux mains au bonnet, comme pour salüer quelqu'un de haute qualité, *O Eternité ! O Eternité* ! vous soyez la tres-bien venuë : *Helas* que mon sejour en terre, a esté prolongé ! *Venez* Seigneur Iesus, venez, tirez-moy apres vous. O mon Fils, disoit-il encore, *ie me suis resiouy* ès choses, qui m'ont esté dittes ; Nous irons en la maison du Seigneur, *O Cité de Dieu !* que l'on a dit de toy, de choses glorieuses. *Sors mon ame* en ton repos, parce que le Seigneur t'à fait du bien. Puis baisant et rebaisant le Crucifix, il adjousta: *O Seigneur!* confirmez l'ouvrage, que vous auez operé en moi, dès le Temple de vostre Hierusalem celeste. Et Monseigneur son Fils luy respondant : Mon Pere, Celuy qui a commencé l'ouurage l'acheuera. *Ouy*, mon Fils, dit-il, par trois fois, *l'acheuera, l'acheuera, l'acheuera*. Nostre B. Pere le disoit ainsi en mourant. Si grande et presente estoit sa memoire en ce dernier article, que mesmes il prononça quelques Vers de la sainte Philosophie de Boëce, y changeant quelques mots, pour les appliquer à son Estat, qui seroient icy à propos, si ie n'auois resoulu, de ne dire point de Latin, à moins que d'auoir voulu, (pour representer les dernières paroles de ce grand homme, comme il les a dittes) prononcer ce discours presque tout en Latin.

Mais quel spectacle, de le contempler en ses agonies, se forçant, pour ne se plaindre iamais, et se despoüillant, comme auec grand plaisir, du vestement de la chair, qui le retenoit icy bas, ainsi qu'vn deuot pretendant quitteroit vne robbe profane, pour entrer en quelque Estat, ou Ordre sacré. En ce periode reluisoit, et esclairoit viuement ce qui estoit en luy; ce n'estoit plus la langue, qui formoit ses paroles toutes d'or : mais l'intelligence toute pure, se faisoit voye, au travers d'vn corps alteré et abbattu, proferant des termes sacrez, qui estonnoient, et rauissoient les Ecclesiastiques presens, sur l'evidence de la Beatitude, dont il ioüissoit desia. Il sembloit en cela de voir l'or de la mine, qui mis en la fournaise, vient à se separer; et laissant la lye, et le marc, s'espure à mesure qu'il se descharge de la terre, et augmentant sa lueur, dans son dernier effect, remplit les yeux de clairs et brillans esclats.

Enfin il reïtera pour la derniere fois ses paternelles remonstrances à Messieurs ses enfans, agenoüillez autour de son lict, et lesquelles il fonda comme vn autre Tobie, sur la crainte de Dieu, et les termina dans la profession de la vraye Noblesse, qui n'a point de fondement qu'en la pieté, qu'il leur representa auoir tousiours esté le premier lustre de leur maison, afin de l'embrasser pour vnique heritage. Puis il tira le rideau, sur toutes les affaires du monde, pour s'entretenir auec Dieu. Et comme l'extremité du mal alloit l'affoiblissant, la force de son cœur luy fit prononcer hautement pour la troisieme fois la profession de la Foy Catholique, en laquelle il mouroit. Et ayant demandé les Sacremens, de l'Eucharistie, et de l'Extreme Onction; qu'il receut de la main de son Prelat, qu'il appelloit son Fils et son Pere, et duquel il receut à sa fin, la derniere absolution : à la veuëd u tres saint Sacrement, il se releua, et comme reprenant ses forces, et ramassant tout ce qui estoit en luy de vigueur, et de deuotion, il harangua son Dieu present, auec des termes d'adoration, si ardans, et si heroïques, qu'ils meriteroient d'estre grauez sur tous les Tabernacles de nos Autels. De là il vesquut encore trois iours, s'il ne faut pas dire languir le temps qui s'escoula aux extases de son ame, conuertissant le peu de souffle, qui luy restoit sur les levres, aux loüanges de son Createur, auquel sur l'heure de midy, le 24 Nouembre, il lascha son esprit auec ces belles paroles, *Mon Dieu, mon Redempteur, ie ne veux rien que votre grace.*

Autant de temps que le Soleil dardera ses lumieres, les merites de Loüis de Sales esclatteront : autant qu'il y aura de bouches de gens de bien au monde, qui auront connu ses qualités, autant il y aura de voix pour ses loüanges : pendant qu'il y aura de vraye Noblesse en terre, l'on esleuera des trophées à la pieté. Pendant que les sciences fleuriront, l'on redira ses oracles; qu'on ne regrette plus celuy, qui est chargé de coronnes eternelles : que l'on ne donne plus de larmes sur sa felicité : que l'on ne couure son monument que de roses et de lys, pour tesmoignage des douces odeurs, que nous laissent ses vertus.

Mais si la discretion de ceux qui m'escoutent, ne supplée au deffaut du temps, qui mesure cette action : i'advoüe, Messieurs, que ie n'ay qu'effleuré le sujet; et si ie suis autant esloigné de la recompense future,

Comme du merite present du deffunct, ma condition sera bien raccourcie : mais si la conscience de nostre indignité, nous deuoit rendre muets, qui est ce qui parleroit ? Et puisque ce petit Panegirique, n'est que comme la petite carte d'vn grand monde, l'abregé d'un grand volume, le frontispice d'vn grand Palais, le tiltre d'un beau liure, la face d'vn Colosse : ie veux dire le *Tableau raccourcy* de ce grand homme : ie ne pretens pas d'auoir tout dit. I'auray assés dit, si en cette occasion, deuant cette illustre assemblée, qui a connu Louys de Sales ; ie conclus, que ie ne desseigne point d'autre Epitaphe sur son tombeau, que l'Epitome des excellences immortelles,

D'vn grand Chrestien,
D'vn parfait Catholique,
Vniuersellement sçauant,
Solidement deuot,
Genereux contre le vice,
Ennemy des vanitez,
Noble en vertus,
Illustre en pieté,
Consommé en merites.
Ses discours l'ont fait paroistre,
Le Panegeriste de la vraye Noblesse,
Le plus expert entre les Politiques,
Le plus parfait entre les Religieux,

Le plus courageux entre les vaillants,
Le plus capable entre les Doctes,
Le plus subtil en ses rencontres,
Le plus syncere en ses paroles,
Qui estoient toutes exquises, sans artifice,
Toutes d'or, en eloquence,
Toutes iudicieuses, en leur ordre,
Toutes de sentences, en ses escrits,
De charmes en Poësie,
De baume, pour consoler,
De miel, pour corriger,
De foudres, contre le peché,
Et d'extases, pour Dieu, et pour la Religion.
Ses mœurs l'ont monstré,
Le plus souple, en commandant,
Le plus constant, és aduersitez,
Le plus modeste, aux prosperitez,
Inflexible, aux mal-heurs,
Esgal, en tous euenemens,
Un modele de perfections,
Un prodige de sagesse,
Un homme acheué,
Le phœnix de son siecle.
Il a esté heureux de Naissance,
Fauorisé de la Nature,
Sain de corps, et d'esprit,

Cultiué de la grace,
Gratifié de la Fortune,
Benit en posterité,
Paisible toute sa vie,
Qui a eu tous ses momens vtiles,
Toutes ses occupations reglées,
Son manger sans choix,
Son repos mesuré,
Ses recreations serieuses,
Ses diuertissemens à bien faire,
Son chanter Angelique,
Sa priere continuelle.
Il estoit dans le mariage,
Vn pourtrait de pureté,
Vn miroir de pudeur.
Vn soleil sur sa famille,
Obey par sa douceur,
Craint par son exemple,
Aymé par sa debonnaireté,
Seruy par amour.
Il ne respiroit que pour le Ciel,
Ses entretiens estoient sacrez,
Sa conuersation sainte,
Son abord caressant,
Son maintien venerable,
Ses regards attrayans,

Son visage plein de respect,
Sa voix tousiours gracieuse,
Ses gestes irreprehensibles,
Iamais descontenancé,
Iamais melancholique,
Iamais ennuyeux,
Tousiours affable,
Loüant tousiours les vertueux,
Ne blasmant iamais personne,
Honnorant tout le monde,
Ne mesprisant aucun que luy mesme,
Complaisant sans flatterie,
Ioyeux sans dissolution,
Courtois sans fard,
Ciuil sans ceremonies,
Et par tout accomply.

Son procedé l'a fait reconnoistre,
Vray Pere à ses sujets,
Vn Saint à ses enfans,
Vn Oracle en ses conseils,
Vn souuerain dans les Accords,
Absoulu sans contraindre,
Convainquant sans presser,
Inventif en Expedients,
Equitable en leur choix,
Fauorable aux foibles,

Satisfaisant aux puissans.
On l'a veu inviolable en ses promesses,
Exact en ses recits,
Prudent en ses resolutions,
Prompt à l'execution,
Actif sans empressement.
L'on ne peut dire en quelles vertus il a le plus excellé,
Puis qu'il les possedoit toutes en eminence,
Il estoit sublime, et clair en ses raisonnemens,
Il se faisoit comprendre aux plus grossiers,
Rauissoit les plus profonds,
Gaignoit les Heretiques,
Conuertissoit les pecheurs.
Son humilité cachant ses qualitez Chrestiennes,
A merueilleusement rehaussé les temporelles,
A exalté sa maison.
Releué ses tiltres,
Amplifié ses domaines,
L'a coronné d'honneurs,
Et publié sa gloire.
Il fut consulté des plus spirituels,
Estimé des Princes,
Prattiqué des Grands,
Recherché des Estrangers,
Reueré de ses proches,

Admiré de ses ennemis,
Redouté des fourbes,
Loüé de ses enuieux,
Chery d'vn chacun,
Le bien aymé de Dieu, et des hommes.
Sa mort vniforme à sa vie,
Poussant son ame bien-heureuse auec les Anges,
A laissé son corps precieux en ce lieu.
Les fruits de ses œuvres, et de sa plume.
Le coronneront au Ciel,
Le feront reviure au monde,
Et sa memoire durera eternellement.
Mortel ne laisse icy que des souhaits,
Et ſi tu as de regrets,
Ne souspire que sur toy,
Si tu ne sçais aspirer à le suyure.

BIBLIOTHÈQUE NATIONALE R.F. IMPRIMÉS

FIN.

Nimes.— Typ. SOUSTELLE, boul. St-Antoine, 9.